BEI GRIN MACHT SICH IHR WISSEN BEZAHLT

AF152763

- Wir veröffentlichen Ihre Hausarbeit,
  Bachelor- und Masterarbeit

- Ihr eigenes eBook und Buch -
  weltweit in allen wichtigen Shops

- Verdienen Sie an jedem Verkauf

Jetzt bei www.GRIN.com hochladen
und kostenlos publizieren

Laura Ostermaier

Medea - Ein Vergleich der Werke von Euripides und Christa Wolf

GRIN Verlag

Bibliografische Information der Deutschen Nationalbibliothek:

Die Deutsche Bibliothek verzeichnet diese Publikation in der Deutschen National-
bibliografie; detaillierte bibliografische Daten sind im Internet über http://dnb.d-
nb.de/ abrufbar.

Impressum:

Copyright © 2006 GRIN Verlag GmbH
Druck und Bindung: Books on Demand GmbH, Norderstedt Germany
ISBN: 978-3-656-18623-6

Dieses Buch bei GRIN:

http://www.grin.com/de/e-book/193310/medea-ein-vergleich-der-werke-von-euri-
pides-und-christa-wolf

GRIN - Your knowledge has value

Der GRIN Verlag publiziert seit 1998 wissenschaftliche Arbeiten von Studenten, Hochschullehrern und anderen Akademikern als eBook und gedrucktes Buch. Die Verlagswebsite www.grin.com ist die ideale Plattform zur Veröffentlichung von Hausarbeiten, Abschlussarbeiten, wissenschaftlichen Aufsätzen, Dissertationen und Fachbüchern.

Besuchen Sie uns im Internet:

http://www.grin.com/

http://www.facebook.com/grincom

http://www.twitter.com/grin_com

Inhaltsverzeichnis

Einleitungsgedanke: Der Medea-Mythos

Medea, ein Mythos, der die Menschen seit bereits über zweieinhalbtausend Jahren bewegt und fasziniert: Durch alle Epochen setzte Medea ihre ikonographische Präsenz durch[1]. So inspirierte sie seit ihrer ersten Erwähnung an der Schwelle des 7. vorchristlichen Jahrhunderts in der Theogonie Hesiods[2] immer wieder zum Neuerzählen ihrer Geschichte.

Der Sage nach ist Medea eine kolchische Königstochter, die dem Führer des Argonautenzuges Jason, einem Königssohn aus Iolkos, mit ihren Zauberkräften hilft, das Goldene Vlies zu entführen, weswegen er nach Kolchis gesandt worden war. Medea verliebt sich in Jason und flieht nach dem Verrat an ihrem Vaterland mit ihm. Nachdem die beiden auch aus Iolkos vertrieben werden, als Opfer einer Intrige des Pelias, Jasons Onkel, finden sie in Korinth Asyl. Dort werden sie freundlich empfangen von König Kreon. Sie leben hier einige Jahre lang glücklich bis Jason sich in die Königstochter Kreusa, auch Glauke genannt, verliebt und seine gedemütigte Gattin Medea verlässt. Daher sinnt diese auf Rache. Euripides, welcher 431 v.Chr. das erste Drama über Medea verfasste, dichtete ihr den Mord an ihren eigenen beiden Söhnen an[3], mit welchem sie bezweckte, ihren untreuen Ehemann für immer zu vernichten. Dieser gelungene dramaturgische Kunstgriff ging dauerhaft in den Mythenstoff um Medea ein und wurde in späteren Medea-Bearbeitungen meist fester Bestandteil der Handlung[4]. So wurde aus der ursprünglich zauberkundigen Helferin eine böse Hexe und skrupellose Verbrecherin.

Doch gegen Ende der 70er Jahre setzte ein bis heute anhaltender „Medea-Boom" ein, wobei feministisch orientierte Medea-Texte mit ungewohnten Perspektiven spielen und den Mythos neu erzählen[5]. So zum Beispiel die Autorin Christa Wolf: In ihrer 1996 geschriebenen Fassung der Medea hält sie sich nicht an die Vorgaben des Euripides, sondern sie nimmt Medea in Schutz.

Diese Arbeit wird nun in ihrem weiteren Verlauf die euripideische Medea mit Christa Wolfs „Medea. Stimmen" verglichen.

---

[1] Göbel-Uotila 2005, S.15.
[2] Göbel-Uotila 2005, S.16.
[3] Schmalzriedt 1976, S.81.
[4] Göbel-Uotila 2005, S.18.
[5] Göbel-Uotila 2005, S.21.

1. Gattungsspezifische Unterschiede

Bei Euripides' Medea handelt es sich um eine griechische Tragödie, die früheste Gattung des Dramas, welche ihre Blütezeit im 5. Jh. v. Chr. hatte[6]. In ihr findet das Menschenbild der Antike Ausdruck. Entweder das Schicksal oder die Götter bringen den Helden in einen unvermeidlichen und unausgleichbaren Konflikt, welcher zum tragischen Scheitern des Protagonisten führt. Der Held erfährt seine Grenzen bewusst. So wurde dem Publikum gezeigt, dass der Mensch nicht immer nur die guten Seiten des Lebens erfahren kann, sondern auch dessen dunklen Seiten. Versucht der Mensch allerdings seine Grenzen zu sprengen, gerät er in Gefahr. Denn dadurch stellt er sich gegen die Götter, was Hybris ist. Er steht also in einer Urschuld, was bedeutet, dass der Mensch allein durch sein Sein schuldig ist, also keine persönliche Schuld trägt. Somit ist die Tragödie nicht nur für die Unterhaltung verantwortlich, sondern in erster Linie hat sie einen erzieherischen Charakter.

Ursprünglich diente die Tragödie dazu, den griechischen Weingott Dionysos in einem rituellen Fest mit dem Bocksgesang zu ehren. Aus diesem Gesang entwickelte sich der Chor, welcher fester Bestandteil der griechischen Tragödie ist.

Der Aufbau folgt dem Grundschema:

- Prolog(os)
- Parodos (Eingangslied des Chores)
- 4-6 Epeisodien, welche durch je ein Stasimon unterbrochen sind
- Exodos

Der Prolog dient zum einen der Exposition der Vorgeschichte und zum anderen warnt er vor der unmittelbar drohenden Gefahr. Auch wird bereits hier die bestehende Situation geschildert.

Der Parodos ist das Lied des Chores, welches er beim Einzug auf die Bühne singt. Die Funktion des Chores ist es, Informationen über das Geschehen zu geben, das Geschehen und die Charaktere zu reflektieren und Andeutungen auf die weitere Handlung zu machen.

---

[6] Dtv-Lexikon 1992, S.260.

Ein Epeisodion ist ein Teil mit gesprochenen Dialogen bzw. Monologen der Schauspieler, der zwischen zwei Chorgesänge eingeschaltet wurde. Diese Chorgesänge werden Stasimona genannt. Hier singt der Chor, während er schon auf der Bühne steht, zwei Strophen. Die erste Strophe ist allgemein, wohingegen die Gegenstrophe sich auf das aktuelle Thema, also die Handlung im Drama bezieht. Exodos wird das Lied zum Auszug des Chores genannt. Hier treten der Chor und die Hauptpersonen ein letztes Mal auf. Ein Element des Exodos ist der ‚Deus ex machina', der die Verwicklung der Szene bzw. die Konstellation des Dramas löst, indem künstlich ein Gott geschaffen wird. Diese Grundstruktur des Dramas konnte nicht geändert werden und somit führt der lineare Handlungsablauf zwingend dazu, dass Parallelhandlungen oder andere wichtige Ereignisse, welche unter Umständen zu grausam waren, um auf der Bühne dargestellt zu werden, anderweitig dargestellt werden mussten. Eine Möglichkeit dafür ist die Teichoskopie (Mauerschau), auch Botenbericht genannt. Er enthält oft epische Elemente des Erzählens.

Euripides problematisiert in seinen Tragödien die Beziehung zwischen menschlichem und göttlichem Sein. Weiterhin herrschen die Konflikte der Menschen, ihre Klage und Anklage der Weltordnung vor[7].

Christa Wolfs „Medea. Stimmen" besteht aus elf inneren Monologen, den Stimmen, also aus elf unabhängigen Einzelaussagen. Dadurch hat Christa Wolf ein zentrales Element des Dramas für die epische Gestaltung ihrer Medea übernommen[8]. Jedoch „unterläuft der innere Monolog die klassische Unterscheidung der Gattungen Epik, Dramatik und Poesie", so Michael Niehaus[9]. Daher fällt es schwer, dieses Werk einer bestimmten literarischen Gattung zuzuordnen. Allerdings wird Wolfs Medea im Titel als Roman bezeichnet. Die zeitlich aufeinander folgenden Monologe haben auch durchaus eine gewisse Ähnlichkeit mit einem Briefroman mit mehreren Personen, jedoch passt das unmittelbare Aufeinanderfolgen der Monologe und das vorangestellte Personenverzeichnis mehr zu einem dramatischen Text[10].

Birgit Roser bemerkt hierzu, dass die Mottos, die vor den einzelnen inneren Monologen stehen, nichtfiktionale Texte sind, die Wolf unverändert in ihren

---

[7] Dtv-Lexikon 1992, S.261.
[8] Krischel 2003, S.74.
[9] Krischel 2003, S.73.
[10] Krischel 2003, S.73.

literarischen Text übernahm, wodurch ein weiterer Schritt zur Aufhebung der Gattungsgrenzen gemacht wurde[11].

Zusammenfassend kann man sagen, dass „Medea. Stimmen" ein als Roman bezeichnetes Werk ist, welches jedoch auch dramatische Elemente enthält, also eher eine Mischform der Gattungen ist.

2. Thematische Unterschiede

2.1 Euripides

2.1.1 Medeas besondere Rolle im Drama:
Rolle, Lebensvorstellungen, Lösungen

Euripides greift in seinem Werk auf bereits bestehenden Sagenstoff um Medea zurück. In seinem Drama geht es um eine Medea, Königstochter des Aites und Enkelin des Sonnengottes Helios, welche „für Jason", den fremden Argonautenführer, „heiß in wilder Liebesglut entbrannte"[12]. Dieser kam in ihre Heimat Kolchis, um das Goldene Vlies zu entführen. Medea hilft Jason bei dieser Entführung und begeht somit Verrat an ihrem Vaterland. Schließlich verlässt sie aus Liebe zu Jason mit ihm gemeinsam ihre Heimat. Auf der Flucht werden die beiden von Medeas Bruder und seinen Gefolgsleuten verfolgt, um sie zurückzuholen. Doch Medea lockt ihren eigenen Bruder in eine Falle, so dass er zu Tode kommt. Seine zerstückelten Glieder wirft sie ihren Verfolgern entgegen, um diese abzuschütteln. Nachdem Medea und Jason sich in Korinth niedergelassen haben, heiraten die beiden und bekommen zwei Söhne. Während sich Medea als „Fremdling fügen muss in des Landes Art"[13] und von der Königstochter schlagartig zu einem Nichts wurde, einer Heimatlosen ohne soziale Einbindung in die Tradition eines Landes und ohne die Würde einer Frau, so verliebt Jason sich in Kreusa oder auch Glauke genannt, die Tochter des korinthischen Königs Kreon. Medea „sieht sich von ihrem Gatten verstoßen"[14], und weil sie dadurch abgrundtiefe Enttäuschung empfindet und sich durch die Treulosigkeit ihres Gatten entehrt fühlt, verhält sie sich hier nicht als Dulderin, was auch gerechtfertigt ist, da sie schließlich von ihrem Ehemann betrogen wurde.

---

[11] Krischel 2003, S.74.
[12] Euripides 2003, S.5.
[13] Euripides 2003, S.13.
[14] Euripides 2003, S.5.

7

Dies ist die Ausgangssituation für Euripides, hier setzt er ein. Die Vorgeschichte lässt er durch die Amme der Söhne reflektieren.

Im weiteren Verlauf des Dramas wird Medea von König Kreon aus Korinth verstoßen, weil sie sich gegen das Königshaus wendet und schlimm vom König redet[15], da sie sich in der patriarchalischen Gesellschaft Korinths nicht zurechtfindet. Medea ist völlig isoliert von der Gesellschaft. Diese Verbannung steigert ihre Verzweiflung ins Unermessliche. Doch durch geschickte Reden erreicht Medea einen Tag Aufschub bis zu ihrer Verbannung. In dieser Zeit plant sie aus Hass auf Jason, seine Geliebte und Kreon ihre blutige Rache, denn „ward gekränkt sie in der Ehe heil'gem Recht, giert keine Seel' auf Erden mehr nach Blut und Mord"[16]. Zunächst vergewissert sie sich eines Asyls, welches ihr König Ägeus gewähren will. Danach verlässt sie die für sie bestimmte Rolle in der Weltordnung, indem sie an der höchsten Instanz, den Göttern, zweifelt. Medea verlässt sich nun auf ihr Geschick als Frau und führt somit ihre Rache durch: Sie schickt ihre Söhne mit einem Geschenk zu Kreusa, scheinbar um diese milde zu stimmen, damit Medeas Söhne von der Verbannung aus Korinth verschont bleiben. Doch in Wirklichkeit bringen die beiden Jungen Kreusa ein vergiftetes Kleid. Als Kreusa dieses anlegt geht, erleidet sie einen qualvollen Tod und auch ihr Vater, der König, welcher die Tote in seiner Trauer an sich zieht, wird von dem gleichen Schicksal ereilt. Doch dieses reicht Medea nicht aus, sie will Jason in so großes Unglück stürzen, dass er daran zerbricht. Also beschließt sie mit den Worten: „So kränk ich meinen Gatten auf das bitterste."[17], ihre beiden Söhne zu ermorden, obwohl ihr das selbst die größten Schmerzen bereitet. Dennoch siegt die Rachsucht über die Mutterliebe und entgegen der Warnung ihrer treuen Freundin, der Amme, tötet sie im letzten Stasimon die Jungen. Medea als autonomer Mensch handelt hier maßlos, so dass die Welt aus den Fugen geraten muss.

Im Exodus erfährt Jason davon und kommt am Boden zerstört zum Schauplatz. In rasendem Schmerz fleht Jason Medea an, ihm wenigstens die toten Körper seiner Söhne zu lassen, um diese bestatten und beklagen zu können[18]. Doch Medea verwehrt ihm diesen Wunsch, triumphiert über ihn und flüchtet mit den toten Kindern auf einem Drachenwagen, welcher ihr vom Gott Helios zur Verfügung gestellt wurde und sie „schirmt vor Feindeshand"[19].

---

[15] Euripides 2003, S.20.
[16] Euripides 2003, S.14.
[17] Euripides 2003, S.35.
[18] Euripides 2003, S.54.
[19] Euripides 2003, S.52.

Somit löst ein Gott die Verwicklung der Szene, es liegt ein „deus ex machina" vor.
Euripides stellt Medea in seinem Drama als ein mit menschlichen Maßen nicht mehr
zu messendes Ungeheuer dar, als grausame Rächerin, welche keinerlei Reue kennt
und emotionslos und kalt ihre Rachepläne schmiedet und letztlich auch durchführt.
Sie ist die vollkommene Furie.

2.1.2 Intention des Euripides

Typisch für Euripides sind grellfarbige und ausführliche Botenberichte über grausame
Vorgänge, rhetorisch gesteigerte Streitgespräche (Stichomythie) und die genaue
Beschreibung eines von Affekten bestimmten Menschen, hier der von Schmerzen
gequälten Medea[20]. Bei Euripides denken, fühlen und handeln die dramatischen
Figuren nicht mehr wie die Idealgestalten des Mythos, sondern sie legen das
Verhalten von Alltagsmenschen an den Tag. Euripides setzt der Tragödie ein neues
Ziel, indem er Form, Ton und Struktur ändert. Der erhabene Ton, die hohe Sprache
wird zu einem niederen Ton; anstatt von Kriegshelden, berichtet er von niederem
Gesindel; anstatt von vaterländischer Gesinnung von sex and crime, statt von ganzen
Männern, von Weibern und Betrügern. Kurz, vom Reich der Ideale stürzt die
Tragödie in die Gosse[21]. Es geht um Werteverfall durch Abfall von der alten Religion,
begründet durch den neuen Glauben an die Kraft der rein menschlichen Sinne und
Fähigkeiten.
Euripides schreibt aufreizend und provozierend, er zwingt die Zuschauer zum
Nachdenken. Seine Dramen besitzen also erzieherischen Charakter. Die göttliche
Lösung ist nicht mehr sinnvoll, da Helios der bösen und schuldigen Medea hilft, was
überaus grotesk ist. Daher sind neue Formen, eine neue Lösung nötig. Der Mensch
soll in Euripides Dramen mitdenken, sie sollen die göttliche Ordnung hinterfragen
denn es gibt nun keine gültige Lösung mehr und auch kein eindeutiges Gut und Böse
mehr.
Politisch will Euripides mit seiner „Medea" zeigen, wohin Vertragsbrüche und Verrat
führen. Er spricht eine Warnung vor dem Peloponesischem Krieg aus, dessen
Auslöser der Bruch der Athener mit Sparta war.

---

[20] Schmalzriedt 1976, S.80.
[21] Latacz 1993, S.269.

Auch will Euripides seinen Nationalstolz kultivieren, indem er zeigt, wozu eine Barbarin, eine Nicht-Griechin fähig ist.

Aus psychologischer Sicht betont Euripides die Schäbigkeit des männlichen Charakters sowie die elementare Gefühlsbezogenheit der Frau, welche nur aus dem Eros lebt. Er zeigt also was Eros, welcher sowohl für Liebe, als auch für Schmerz steht, bewirken kann. Nämlich eine Gefährdung des Menschseins bis in die ureigene Existenz.

Durch den offenen Schluss urteilt Euripides nicht über Schuld oder über Gut und Böse. Auch er ist hier ratlos und fordert den Zuschauer auf, selbst die Antworten auf seine Fragen zu finden.

2.2 Christa Wolf

2.2.1 Medeas besondere Aktivität im Roman:
Rolle, Lebensvorstellungen, Lösungen

Christa Wolf modelliert den Medea-Mythos sehr stark: Sie verändert den mythischen Inhalt, indem sie neues hinzuerfindet und sie erweitert das Personal, so dass eine multiperspektivische Geschichte entsteht. Sechs verschiedene Sichtweisen transportieren die Handlung und ergänzen somit Medeas Aussagen und stellen Medea in Frage. Die Geschichte wird durch einzelne Monologe aufgerollt, nämlich die der Medea, des Jason, des Akamas, des Leukon, der Agameda und schließlich der Glauke.

Christa Wolf erörtert die Vorgeschichte in Kolchis, vor allem Medeas Familienproblematik sehr intensiv.

Medea flieht mit Jason aus ihrer Heimat Kolchis, einem Stadtstaat mit matriarchalischen Verhältnissen, da sie dort nicht mehr bleiben kann, weil ihr Vater Medeas Bruder ermordete, um an der Macht zu bleiben. Doch das Verlassen ihrer Heimat wird Medea von den Kolchern als Verrat ausgelegt. Auf dem Weg nach Korinth heiraten Medea und Jason und Medea ist bei ihrer Ankunft in Korinth gerade mit ihren Zwillingen schwanger. Sie erhofft sich eine bessere Welt, welche sie meint in Korinth finden zu können. Doch nach einiger Zeit verlässt Jason seine Frau wegen einer möglichen Karriere als Thronfolger Korinths und er bändelt mit der Königstochter Glauke an.

Medea hingegen fühlt sich fremd in dem patriarchalischen Staat und versucht sich ihre ehemaligen Freiheiten als Königstochter zu bewahren und verhält sich äußerst selbstbewusst, womit sie nicht dem griechischen Frauenbild entspricht, sie untergräbt die griechische Ordnung. Daher wird sie von König Kreon aus Selbstschutz und Staatsraison aus dem Palast verstoßen. Obwohl sie in Korinth anfangs noch als große Heilerin und Priesterin geehrt wird, unterstellen ihr fälschlicherweise allmählich viele Korinther, sie wende schwarze Magie an. Auch empfinden die Korinther es als Bedrohung, wenn „Fremde, Flüchtlinge in ihrer eigenen Stadt selbstbewusster gehen dürfen als sie selbst"[22], obwohl dies nur Medeas Natur als Kolcherin entspricht. So wird Medea in ihrem Gastland als zunehmend unheimlicher empfunden.

Schließlich entdeckt Medea den Mord an der Kronprinzessin Iphinoe, welcher vor Jahren auf Befehl König Kreons ausgeführt wurde, um dessen Macht zu erhalten. Medea ist völlig erschüttert über diese Machtgier und Gewalt, vor welcher sie bereits aus Kolchis geflohen war. Sie muss erkennen, dass beide Staaten auf einem Kindermord begründet sind. Doch anders als Medeas Vater, der seiner Tochter nach dem Opfermord an seinem Sohn, nicht mehr in die Augen blicken kann, hat „dieser König hier keine Gewissensbisse, wenn er seine Macht auf einem Frevel gründet"[23].

Nun intrigieren zwei ehemaligen Kolcher gegen sie, nämlich Agameda und Presbon. Agameda war einst Medeas Schülerin, welche jetzt versucht sich an ihrer Lehrerin zu rächen, weil sie meint, in ihrer Lehrzeit zur Heilerin nicht genug Liebe von ihr erfahren zu haben. Also nutzt Agameda ihr Wissen, dass Medea den Mord aufgedeckt hat und berichtet dies Akamas, dem ersten Berater des Königs und wichtigsten Drahtzieher Korinths. Man beschließt, die Korinther und Kreon durch Lügen und Gerüchte, wie die, dass Medea selbst ihren Bruder ermordet habe oder, dass „sie es gewesen sei, die der Stadt die Pest gebracht habe"[24], gegen diese aufzuhetzen, damit der vertuschte Mord nicht ans Licht kommt.

Obwohl Jason noch immer Medeas Gatte ist, hilft er ihr nicht, sondern verhält sich weiterhin dem Königshaus gegenüber loyal und opportunistisch, was die fortschreitende Entfremdung zwischen dem Ehepaar ausdrückt.

Weiterhin wird von Christa Wolf die Bedeutung der Glauke aufgewertet.

Es entsteht ein Konflikt zwischen Medea und den Korinthern, da Medea die an Epilepsie leidende und verstummte Königstochter durch Therapien wieder zum

---

[22] Wolf 1996, S.50.
[23] Wolf 1996, S.104.
[24] Wolf 1996, S.181.

Erinnern und Sprechen bringt. Dies ist fatal, da Glauke von dem Mord an ihrer Schwester weiß. Also wird Glauke Medeas Obhut entzogen, wodurch die Kranke wieder entfremdet und alleine ist. Schließlich wird ihre Hochzeit mit Jason geplant. Wieder Objekt und somit Opfer, begeht Glauke als letzte Subjekthandlung Selbstmord, um vor ihrem unwürdig gemachten Leben zu fliehen, indem sie sich in einen Brunnen stürzt. Später wird Medea unterstellt, um Glaukes Selbstmord zu vertuschen, sie habe dieser „ein vergiftetes Kleid geschickt, ein grausiges Abschiedsgeschenk"[25], welches sie dazu brachte, sich vor Schmerzen in den Brunnen zu stürzen.

Leukon, der zweite Berater des Königs, ist Medeas Freund, im Gegensatz zu seinem Kollegen Akamas, der Medeas Gegner ist. Leukon will Medea retten, doch auch er kann das Unheil nicht mehr aufhalten, in welches Medea sich selbst brachte: Sie legte keinerlei demütiges Verhalten gegenüber Kreon an den Tag, obwohl sie ein Flüchtling ist und durch ihr Handeln Kritik am Palast übte. Sie passte sich nicht an die Sitten Korinths an und ebenso brachte sie ihrer Intrigantin Agameda einst nicht genügend Zuneigung entgegen, was ihren Hass auf Medea schürte.

Somit wird Medea zu Ende des Romans in Folge eines Gerichtsverfahrens aus Korinth verbannt. Man unterstellt ihr schwere Verbrechen, die die Verbannung rechtfertigen. Bevor Medea Korinth verlässt, bringt sie ihre zwei Söhne zum Schutz in den Hera-Tempel. Doch da die Korinther einen Sündenbock für all ihre Probleme brauchen, stürmen diese den Tempel und steinigen die beiden Brüder. Später beschuldigen sie Medea den Mord an ihren eigenen Kindern begangen zu haben, um sie somit als Furie darzustellen. Medea selbst ist hoffnungslos, desillusioniert und resigniert schließlich in der Verbannung.

Doch nicht nur Medea ist zu Ende des Romans gebrochen an der für sie unnatürlichen patriarchalischen Gesellschaft, sondern auch Kreon, Jason, Glauke und Leukon. All diese Personen können die bestehenden Verhältnisse nun nicht mehr ertragen. Durch Glaukes Selbstmord ist König Kreon nun ein „toter Mann, der im Innersten seiner Gemächer hockt und nur noch Akamas zu sich lässt". „Hinter seinem Rücken beginnen die Kämpfe um seine Nachfolge"[26]. Jason hingegen verbringt seine Tage und Nächte nun alleine unter dem halb verfaulten Rumpf seines Schiffes. Wie bei Euripides ist schließlich nicht allein Medea von schlimmstem Elend gezeichnet, sondern auch ihre Gegner sind am Ende.

---

[25] Wolf 1996, S.229.
[26] Wolf 1996, S.230.

Christa Wolf stellt Medea hier als Verfechterin des Gewaltlosen und nicht als Ungeheuer und Furie dar. Im Gegenteil, sie nimmt sie in Schutz.

2.2.2 Bezug der Figur der Medea zu Christa Wolfs Biographie

Christa Wolfs Text ist völlig anders geschrieben im Vergleich mit der Norm der männlichen Autorenschaft. Die Autorin erhielt härteste Kritik von westdeutschen Rezensenten für ihre vermeintliche Vergewaltigung des Mythos für eigene Zwecke.

Es hieß, es handle sich beim Werk der Medea um eine primitive Allegorisierung der Ost-West-Rivalität des Sozialismus und des Kapitalismus, um eine feministische Prozessführung gegen die Macht der Männer[27].

Man kann den Roman auf unterschiedlichste Weise interpretieren, doch die eindeutigen Parallelen zwischen dem Medea-Roman und Christa Wolfs Biographie und der DDR sind nicht zu leugnen: Somit kann er als politischer Schlüsselroman interpretiert werden. Medea ist die Barbarin aus dem Osten, welche in das reiche im Westen liegende Korinth kommt. Christa Wolf kommt nach der Wende aus der DRR, dem Osten, in den reichen kapitalistischen Westen. Dieses West-Ost Gegensatzpaar zieht sich durch Wolfs gesamten Roman; es wird der Gegensatz zwischen wild und zivilisiert dargestellt. Das bescheidene Kolchis entfernt sich immer weiter von seinen einstigen Idealen, nämlich dem gewaltfreien Umgang miteinander oder der gerechten und gleichmäßigen Besitzverteilung.

Der alte kolchische König ist absolut verstockt in seinen Einstellungen und gegen jeglichen Reformversuch. Dies entspricht der späten DDR mit ihrem alten reformfeindlichen „Betonkopf Erich Honecker"[28].

Die Einschüchterungen des König Aites' von Kolchis sind parallel zu setzen mit den Schikanen des DDR-Regimes gegen Ausreisewillige, Systemkritiker und unzufriedene DDR-Bürger, welche in den kapitalistischen Staat, die BRD, fliehen wollen; bei Medea wollen alle in das reiche Korinth fliehen[29].

Ebenso muss sowohl Medea erkennen, dass ihr Wunsch in Korinth eine bessere Welt zu finden, sich als unerfüllbar entpuppt, wie sich auch die BRD für die flüchtenden DDR-Bürger als Enttäuschung erweist. Genauso kann man von Korinths Geheimnis um den Mord an Iphinoe Parallelen zum System Kohl ziehen und dem Mangel an Parteidemokratie[30].

---

[27] Göbel-Uotila 2005, S.211.
[28] Krischel 2003, S.101.
[29] Krischel 2203, S.101.
[30] Krischel 2003, S.102.

Christa Wolfs „Medea" kann auch als autobiographischer Schlüsselroman interpretiert werden:

Medea ist eine Prinzessin mit allgemeinem hohem Ansehen, Christa Wolf die hochangesehene Künstlerin in der DDR, welche auch vom Westen Lob erhält. Beide kommen in den reichen kapitalistischen Westen und werden dort zunächst wegen ihres guten Rufes ehrenvoll empfangen. Bis ihr Ruf allmählich auf unfaire Art demontiert wird; sei es bei Medea durch das Gerücht des Brudermordes, des Kindermordes oder dem, der von ihr hervorgerufenen Pest; oder seien es bei Christa Wolf die persönlichen Angriffe auf ihr literarisches Werk, ihre privilegierte Stellung in der DDR oder auch die vernichtende Reaktion auf ihr Outing als ehemalige Informelle Mitarbeiterin der Stasi. Christa Wolf schlugen hassvolle Anfeindungen, Unverständnis und Unkenntnis der Kultur und der politischen und gesellschaftlichen Verhältnisse „der Anderen", auch der ehemaligen DDR, entgegen[31].

Sowohl Medea als auch Christa Wolf stehen im Konflikt einer starken und selbstbewussten Frau mit der patriarchalischen Gesellschaft. Beide teilen das Schicksal einer Fremden im Gastland, in dessen Schutz sie sich begeben, und werden dort nur akzeptiert, wenn sie sich den Sitten und Regeln ihrer neuen Heimat anpassen und sich unauffällig verhalten. Es wird von ihnen Dankbarkeit und Unterwürfigkeit erwartet, nicht Eigenständigkeit. In einem Brief an Wolfgang Thierse macht Christa Wolf ihrer Enttäuschung über das neue Deutschland Luft: Sie spricht von der „westlichen Abwehrhaltung bis hin zum Ekel vor uns", also den Bürgern aus der ehemaligen DDR, und sie benennt die früh wahrgenommene Tendenz der BRD, „die DDR so unhistorisch wie möglich zum Phantom und ihre Bewohner zu Monstern zu dämonisieren"[32]. Schließlich verlässt Christa Wolf enttäuscht und desillusioniert Deutschland und wandert nach Amerika aus. Ebenso wird auch Medea aus Korinth verbannt.

---

[31] Krischel 2003, S.17.
[32] Krischel 2003, S.16.

3. Vergleich der Motive und Themen von Euripides „Medea" mit Christa Wolfs „Medea. Stimmen"

Besonders auffallend ist die Motivik in den beiden Werken. Die meisten Motive ziehen sich durch das ganze Werk und viele Themen, die Euripides aufgreift, übernimmt auch Christa Wolf in ihre „Medea".

Gemeinsam sind die Motive der Heimatlosigkeit und somit auch das der Fremdheit in einem unbekannten neuen Land. Sowohl bei Euripides, als auch bei Wolf verlässt Medea ihre Heimat, wenn auch aus unterschiedlichen Beweggründen, kommt mit Jason nach Korinth und kann schließlich nicht mehr nach Kolchis zurückkehren. Die Kolcher nämlich empfinden ihre Flucht aus ihrem Heimatland als Verrat an ihnen und dulden sie dort nicht mehr. In Korinth jedoch ist sie eine Fremde und eine Flüchtige.

Daher muss sie sich den Sitten, Regeln und Normen der korinthischen Gesellschaft unterwerfen, auch wenn diese soviel anders sind als die der Kolcher. Medea, als Tochter eines matriarchalischen Staates, ist es nicht gewohnt sich von Männern dominieren zu lassen und hat daher erhebliche Probleme sich dem patriarchalischen Staat Korinth anzupassen. Für sie sind die kulturellen Unterschiede zwischen Kolchis und Korinth zu groß, um sie überwinden zu können. Mit dem selbstbewussten und eigenständigen Verhalten, welches sie in Korinth an den Tag legt, widerspricht Medea dem griechischen Frauenbild, nämlich sich dem Mann zu fügen, und zieht sich somit die Feindschaft sowohl des Königshauses, als auch der Bürger auf sich. Durch ihre mangelnde Anpassung ist sie völlig isoliert von der Gesellschaft.

Ebenfalls ist die Subjekt-/Objektproblematik, verbunden mit den Rollen des Opfers und des Täters ein gemeinsames Element der beiden Werke. Bei Euripides spielt Medea zunächst die Rolle des Opfers und entwickelt sich im Laufe des Geschehens zum Täter, verwandelt somit die bisherigen Täter in ihre Opfer.

Bei Christa Wolf bezieht sich diese Subjekt-/Objektproblematik nicht nur auf Medea. Sie ist im ganzen Geschehen das Opfer, was sie jedoch nicht einsehen will und hartnäckig dagegen ankämpft. Medea versucht ihre Subjektrolle zu wahren, scheitert aber schließlich an ihrem erbitterten Kampf gegen die konservativen Regeln der Korinther und wird zum desillusionierten Opfer. Doch auch die Täter werden im Laufe der Handlung zu Opfern: Jason lebt verlottert unter seinem modernden Schiff, Kreon ist alt und gebrechlich und Glauke beging Selbstmord.

Der Grund für das Scheitern auch dieser Personen ist die erbarmungslose Wirkung der Macht. Macht auf verschiedenen Ebenen, sei es im politischen oder im privaten bis hin zum familiären Feld, zerstört alle menschlichen Beziehungen.

Was jedoch bedeutend anders ist hier, als bei Euripides, ist, dass Medea bei Christa Wolf nie zur Täterin wird.

Ebenfalls unterschiedlich in der Motivik ist, dass Medea bei Euripides Kolchis aus Liebe zu Jason verlässt. Auf dem Weg nach Korinth, wird ihr Schiff von den wütenden Kolchern verfolgt, welche sich von Medea zutiefst verraten fühlen. Medea jedoch ist so skrupellos, dass sie ihren eigenen Bruder in eine Falle lockt, so dass er von Jason ermordet werden kann. Seine zerstückelten Glieder wirft sie ihren Verfolgern entgegen, um diese abzuschütteln.

Bei Christa Wolf hingegen verlässt Medea Kolchis nicht aus Liebe zu Jason, sondern sie geht mit dem Fremden, zu dem sie gewisse Sympathien hegt, da sie aufgrund der bestehenden Verhältnisse nicht mehr in der Lage ist, dort zu bleiben. Medeas Vater nämlich ließ seinen eigenen Sohn und somit Medeas Bruder ermorden, um seinen Thron zu retten, den er durch den Sohn bedroht fürchtete. Diese Machtgier, die Christa Wolf sehr stark betont, sowohl in Kolchis als auch Korinth, wird von Euripides nicht aufgegriffen.

Anders begründet ist auch die Tatsache, dass Medea auf der Flucht die Glieder ihres Bruders ins Meer wirft. Dies tut sie bei Wolf nämlich nur als liebende Schwester, die ihrem Bruder die letzte Ehre erweisen und ihn im Meer bestatten möchte.

Ein weiterer Unterschied ist, dass Jason Medea in Euripides' Drama aufgrund seiner Liebe zu Kreusa verlässt. Medea fühlt sich dadurch zutiefst verletzt und giert daher nach Vergeltung, um den gebrochenen Eheeid und ihre Verbannung aus Korinth durch König Kreon zu rächen. Sie will sowohl Jason, aber auch seiner Geliebten Kreusa und ihrem Vater Kreon, schlimmstes Leid zufügen. Sie sinnt auf Blut und Mord. Dass sie dafür auch ihre eigenen Kinder ermorden muss, nimmt sie, wenn auch widerstrebend, in Kauf, da sie somit Jason in die größte Trauer und Not stürzen kann.

Bei Christa Wolf dagegen sinnt Jason auf eine Eheverbindung mit Glauke, da er so eines Tages die Nachfolge des korinthischen Throns antreten kann. Seine Beziehung zu Medea ist daher nicht an mangelnder Liebe zerbrochen, sondern an der Entfremdung zwischen den beiden Eheleuten. Da sie nicht mehr die gleichen Ziele und Ideale verfolgen, können sie einander nicht mehr verstehen. Weiterhin handelt es sich hier nicht um eine rachsüchtige Medea.

Sie weiß, dass Jason ihr nichts Böses will, sie kann nur seinen Opportunismus, den er an den Tag legt, um sein Ziel als Thronfolger zu erreichen, nicht verstehen, da dieser Wesenszug bisher nicht Jasons Charakter entsprach. Als Medea schließlich auch hier aus Korinth verbannt wird, will sie sich diesem Schicksal fügen, doch sie besteht darauf, ihre Kinder in den Schutz des Hera-Tempels zu geben. Nachdem Medea Korinth verlassen hat, wird dieser jedoch gestürmt und ihre Kinder ermordet.

Der Kindermord, den sie also hier nicht selbst begangen hat, wird ihr später von ihren Gegenspielern angehängt. Christa Wolf greift hier den Sündenbockmechanismus auf, nämlich wie durch Zuspitzen einer gewissen Situation die Gewaltbereitschaft großer Menschenmassen aktiviert wird.

Ein weiterer Unterschied zwischen den beiden Werken, besteht im Motiv des Eros. Eros ist der griechische Liebesgott, welcher jedoch nicht nur für die Liebe zwischen zwei Menschen verantwortlich ist, sondern auch den Hass zwischen ihnen schürt. Also kann Eros auch wehtun und verletzen. Dieser Eros liegt im Drama des Euripides vor. Bei Christa Wolf jedoch ist der Eros ungespalten. Medea liebt Jason zwar nicht mehr, aber sie empfindet auch keinen Hass ihm gegenüber. Stattdessen verliebt sie sich in den Steinmetz Oistros, bei dem sie ihre geistige und körperliche Liebe ausleben kann. Bei ihm ist genuine Liebe möglich, denn in sein Haus hat die Macht keinen Zutritt.

Zusammenfassend kann man sagen, dass es durchaus viele Parallelen zwischen Christa Wolfs „Medea. Stimmen" und der „Medea" von Euripides gibt. Doch ein Unterschied fällt besonders auf, nämlich dass Euripides Medea als gewaltwütige, unmenschliche, böse Hexe darstellt, welche bestimmt ist von Affekten , und dass Christa Wolf Medea als würdevolle, weise, stolze und geachtete Heilerin und Priesterin auftreten lässt, welche nur Opfer der Gesellschaft wird.

4. Literaturbetrieb in der DDR

Die sechziger Jahre waren das Jahrzehnt der Lyrik in der DDR. Hier traten junge Lyriker auf, die neue Wendungen in der Literatur brachten und diese auch anhaltend beeinflussten[33].

---

[33] Langermann 2002, S. 436.

Die 1929 geborene Christa Wolf war eine sehr überzeugte und entschlossene Sozialistin. Sie erlebte die Nazi-Zeit und froh über deren Ende, gab sie sich völlig dem demokratischen Sozialismus der DDR hin. So trat sie bereit 1949 mit 20 Jahren in die SED ein[34]. Ihr Germanistikstudium führte sie auf die Pfade der Literatur und so war sie von 1953-1959 wissenschaftliche Mitarbeiterin beim Deutschen Schriftstellerverband, Redakteurin der Zeitschrift „Neue Deutsche Literatur", Cheflektorin des Verlages „Neues Leben" und wurde schließlich Mitglied im Deutschen Schriftstellerverband. Schon 1955 wurde sie Mitglied des Vorstandes des Deutschen Schriftstellerverbandes, welcher später in Schriftstellerverband der DDR umgenannt wurde. Seit 1962 lebte sie als freie Schriftstellerin in Berlin und so feierte sie ihren ersten großen Erfolg 1963 mit „Der geteilte Himmel".

Christa Wolf erhielt für ihre Werke mehrere Preise, unter anderem 1963 den Heinrich-Mann-Preis der Akademie der Künste der DDR, 1964 den Nationalpreis 3.Klasse der DDR, 1972 den Wilhelm-Raabe-Preis der Stadt Braunschweig, welchen sie jedoch ablehnte, 1980 den Georg-Büchner-Preis der Deutschen Akademie für Sprache und Dichtung und sie erhielt auch einige Ehrendoktorwürden[35]. Christa Wolf war Mitglied des PEN-Zentrums der DDR wie auch der Akademie der Künste der DDR. Mit ihrem 1968 entstandenen Werk „Nachdenken über Christa T." etablierte sich die Autorin im Literaturbetrieb[36]. Es gelang ihr durch ihre Werke unter rein literarischen wie unter inhaltlichen Aspekten große Anerkennung in beiden Teilen Deutschlands zu gewinnen. Christa Wolfs literarisches Schaffen war immer in Bezug zur Politik zu setzen[37]. Doch Christa Wolf musste sich auch einiger Kritik stellen, vor allem aus der DDR, wie dem Vorwurf, sich vom Sozialismus abzuwenden[38]. Doch vor allem problematisch war die Einstellung des Staates zur Literatur: Die Literatur hatte zwar einen sehr hohen Stellenwert im Osten, doch sie wurde auch als Staatssache betrachtet. So förderte der Staat gerne die genehme Literatur, unterdrückte aber die kritische. Die Literatur stand also unter staatlicher Kontrolle. Bei Verstößen gegen die Regeln des DDR-Regimes drohten den Autoren Haft- und Geldstrafen, Stasi-Verfolgung, Ausschluss aus dem Schriftstellerverband, Druck- und Aufführungsverbot, Pressekampagnen und Ausbürgerungen[39].

---

[34] Krischel 2003, S.7.
[35] Salzer, Tunk o.J., S. 387.
[36] Krischel 2003, S.10.
[37] Krischel 2003, S.19.
[38] Salzer, Tunk o.J., S. 386.
[39] Neuhaus, Volker: Rückblick auf die DDR, in: Rheinischer Merkur Nr.40 vom 5.Oktober 1990.

18

Christa Wolf jedoch entschied sich, in der DDR zu bleiben, denn obwohl sie nur scheinbar demokratisch war, war es doch immerhin die DDR, die Christa Wolf auch viele Privilegien genießen ließ[40]. Sie verhielt sich opportunistisch und hielt an der Idee des demokratischen Sozialismus fest. So störte es die Schriftstellerin auch nicht, dass die DDR-Literatur sowohl vom Westen, als auch von der DDR selbst, mehr kulturpolitisch als ästhetisch bewertet wurde[41]. Da viele Autoren aber nicht zensiert werden wollten, ließen sie sich bei ihrem literarischen Schaffen nicht beirren und so wurden unter dem langjährigen Präsidenten des Schriftstellerverbandes des DDR, Hermann Kant, viele unbequeme Schriftsteller aus dem Verband ausgeschlossen und teilweise sogar ausgebürgert. Er war auch der Drahtzieher für die Ausbürgerung Wolf Biermanns im November 1976[42]. Biermann durfte seit 1965 nicht mehr öffentlich auftreten, es war ihm aber dennoch erlaubt worden, in Köln einige Konzerte zu geben. Nach der Ausstrahlung seines ersten Konzertes im „Westfernsehen" jedoch, wurde ihm die Staatsbürgerschaft der DDR aberkannt[43]. Doch nach Bekanntwerden der Ausbürgerung setzten sich einige Schriftstellerstars der DDR für Biermann ein, darunter auch Christa Wolf und protestierten in einem „offenen Brief" dagegen[44]. Die Folgen dieses Prozesses waren, dass viele der Autoren aus der SED ausgeschlossen wurden oder Parteistrafen erhielten. So hatten sich im Laufe der Jahre einige Unstimmigkeiten zwischen dem System und Christa Wolf entwickelt, welche sie jedoch nie deutlich, sondern immer nur mit größter Vorsicht, auszusprechen wagte. Doch während sie diese gewissen Maßnahmen der SED beanstandete, beteuerte sich auch immer mit Nachdruck ihre Treue und Loyalität zur DDR[45]. Christa Wolfs Leben war also gekennzeichnet von zahlreichen Widersprüchen.

Mit ihrer im November 1989 veröffentlichten Erzählung „Was bleibt", begann ein Streit um Christa Wolf. Sie berichtet darin von der täglichen Überwachung einer Schriftstellerin durch die Stasi. Dafür erntete sie härteste Kritik, da sie selbst bis 1989 ein Mitglied der SED war, sie sich aber selbst in dieser Erzählung als Opfer des kommunistischen Staates darstellte[46].

---

[40] Siehe Fußnote 39.
[41] Kurzke, Hermann: Christa Wolf packt aus, in: Frankfurter Allgemeine Zeitung vom 2.Mai 1989.
[42] Langermann 2002, S.443.
[43] siehe Fußnote 42.
[44] siehe Fußnote 42.
[45] Keck, Gerhard: Angst, die die Zunge löst, in: Rheinischer Merkur Nr.12 vom 24.März 1989.
[46] http://vassun.vassar.edu/ ~vonderem/g301/project/Wolf/article.html.

Nach der Wende fühlten sich viele Autoren hilflos und ohne jede Orientierung; sie wünschten sich professionelle Beratung, denn für sie war der Sprung in die Freiheit ein schockhafter Verlust der existenzsichernden Staatsvaterschaft[47]. Es herrschte die Angst vor, wie man diese Zeit des Kapitalismus überstehen sollte und die Angst vor dem Auslöschen der DDR-Literatur, ihrer Kultur und Identität durch den Westen[48]. Denn Widerstandsliteratur war nun überflüssig[49].

Auch Christa Wolf fühlte sich nicht wohl in ihrer neuen Freiheit und nachdem der Streit um sie 1993 weiter ging mit ihrer Bekanntgabe, vom März 1959 bis Oktober 1962 selbst informelle Mitarbeiterin der Stasi gewesen zu sein[50], beschloss Christa Wolf in die Vereinigten Staaten zu reisen, wo sie vermutlich heute noch wohnt[51].

Schlussgedanke:
Die Bedeutung des letzten Ausrufes der Medea in Christa Wolfs Roman

Am Ende von Christa Wolfs Roman, im letzten Monolog, berichtet Medea aus ihrer Verbannung.

Sie und Lyssa sind durch das harte Leben dort in einer Höhle, durch die gnadenlose Sonne im Sommer und die Kälte im Winter, nur noch die Schatten ihrer früheren Jahre[52]. Medea sagt von sich selbst, in ihr sei keinerlei Spur von Hoffung mehr zu finden, keine Spur von Furcht an ihr. Sie ist erfüllt von Leere[53].

Aus Wut und Trauer, weil die Korinther Medeas Kinder gesteinigt haben und aber das Gerücht verbreiten, sie selbst hätte diese getötet, spricht sie einen Fluch auf Korinth und seine Bürger aus: „Fluch über euch alle. Fluch besonders über euch: Akamas. Kreon. Agameda. Presbon. Ein grässliches Leben komme über euch und ein elender Tod. Euer Geheul soll zum Himmel aufsteigen und soll ihn nicht rühren. Ich, Medea, verfluche euch."[54]. Doch ihre letzten Worte drücken am Besten ihre Resignation, ihre Hoffnungslosigkeit aus:

---

[47] Wanner, Ulrich: Lebenshilfe für Vaterlose, in: Rheinischer Merkur Nr.8 vom 23.2.1990.
[48] schi.: Pogrome, in: Frankfurter Allgemeine Zeitung vom 13.März 1991.
[49] siehe Fußnote 47.
[50] siehe Fußnote 46.
[51] Siehe Fußnote 46.
[52] Wolf 1996, S.235.
[53] Wolf 1996, S.235.
[54] Wolf 1996, S.236.

„Wohin mit mir. Ist eine Welt zu denken, eine Zeit, in die ich passen würde. Niemand da, den ich fragen könnte. Das ist die Antwort."[55].

Statt Fragezeichen nach ihren so bedeutenden Fragen, setzt sie Aussagepunkte. Es sind keine richtigen Fragen, denn Medea weiß bereits die Antwort auf ihre vermeintlichen Fragen. Nämlich dass es diese Zeit, diese Welt nicht gibt, die sie sich herbeisehnt. In ihrer Resignation wünscht sie sich dennoch hoffnungsvoll den Ausblick auf eine Welt, wenn auch noch weit entfernt von ihrer Zeit, in der man frei, selbstbewusst und unangefeindet leben kann.

Genau diese Welt wünscht sich auch Christa Wolf: Eine Welt, die Persönlichkeiten der Öffentlichkeit nicht in der Luft zerreißt, nicht durch negative Kritiken vernichtet.

Sowohl Medea als auch Christa Wolf wissen beide, dass sie nicht perfekt und unfehlbar sind und sie erwarten auch von keinem, dass er dies über sie denke. Sie wünschen sich nur, dass die Menschen auch sich selbst betrachten, Kritik an sich selbst üben, bevor sie so hart über andere Personen urteilen.

---

[55] Wolf 1996, S.236.

Literatur:

Primärliteratur:
Euripides: Medea. Tragödie, Stuttgart 2003.

Wolf, Christa: Medea. Stimmen, Gütersloh 1996.

Sekundärliteratur:
Der Deutsch Unterricht vereinigt mit Diskussion Deutsch. Beiträge zu seiner Praxis und wissenschaftlichen Grundlegung Nr.5, Oktober 1996.

Dtv-Lexikon in 20 Bänden: Band 18, München 1992.

Frankfurter Allgemeine Zeitung, 1989-2002.

Glaser, Horst A. (Hrsg.): Deutsche Literatur zwischen 1945 und 1995. Eine Sozialgeschichte, Bern, Stuttgart, Wien 1997.

Göbel-Uotila, Marketta: Medea. Ikone des Fremden und des Anderen in der europäischen Literatur des 20. Jahrhunderts. Am Beispiel von Hans Henny Jahn, Jean Anouilh und Christa Wolf, Hildesheim 2005.

http://vassun.vassar.edu/~vonderem/g301/project/Wolf/article.html [09.01.2006].

Kabisch, Eva-Maria: Literaturgeschichte, Stuttgart, Düsseldorf, Leipzig 1997.

Krischel, Volker: Erläuterungen zu Christa Wolf Medea, Hollfeld 2003.

Langermann, Detlef: Basiswissen Schule, Literatur, Berlin u.a. 2002.

Latacz, Joachim: Einführung in die griechische Tragödie, Göttingen 1993.

Literaturen, Das Journal für Bücher und Themen Nr.4, April 2004.

Lütkehaus, Ludger (Hrsg.): Mythos Medea. Texte von Euripides bis Christa Wolf, Leipzig 2001.

Mayer, Hans: Zur deutschen Literatur der Zeit. Zusammenhänge, Schriftsteller, Bücher, Hamburg 1967.

Rheinischer Merkur, 1989-1990.

Salzer, Anselm (Hrsg.), von Tunk, Eduard (Hrsg.): Illustrierte Geschichte der Deutschen Literatur in sechs Bänden, Band 5, Köln o.J.

Schmalzriedt, Egidius (Hrsg.): Hauptwerke der antiken Literaturen. Einzeldarstellungen und Interpretationen zur griechischen, lateinischen und biblisch-patristischen Literatur, München 1976.

Seeck, Gustav Adolf (Hrsg.): Die griechische Literatur in Text und Darstellung. Klassische Periode I. 5. Jahrhundert v. Chr., Stuttgart 1986.